赢在最强大脑

我不是笨小孩

崔钟雷 编著

知识出版社

前 言

“池塘边的榕树上，知了在声声叫着夏天。操场边的秋千上，只有蝴蝶停在上面。黑板上老师的粉笔还在拼命叽叽喳喳写个不停，等待着下课，等待着放学，等待游戏的童年……”

童年，是人一生中最富诗意、最为神秘的一段时光。在那段天真烂漫的时光里，我们对这个美妙的世界充满着无限的好奇与遐想。正如巴尔扎克所说：“童年原是一生最美妙的阶段，那时的孩子是一朵花，也是一颗果子，是一片朦朦胧胧的聪明，一种永远不息的活动，一股强烈的欲望。”

本套丛书旨在培养儿童的思维创造性，训练思维的扩散性，培养思维的创新性，拓展思维的多样性，造就思维敏捷的天才少年。

本套丛书包括两个系列：“脑筋急转弯”和“一分钟巧破案”，脑筋急转弯是一种趣味智力游戏，起源于古代印度，其简洁短小的问题暗藏玄机，出人意料的答案让人妙趣横生。在“脑筋急转弯”系列中，编者精心编选了最有创意的脑筋急转弯问题，让大脑突破原有的思维模式，大胆想象，放飞心灵的翅膀，在广阔无边的思维天空中自由翱翔。在“一分钟巧破案”系列中，编者精心构思了扑朔迷离的案情，五彩缤纷的场景，引导、激励孩子去探索和发现，找出其中的逻辑破绽。本书编者想借“游戏”之舟，进行一次诗意的智力之旅。当然，这里的“诗意”并非“诗词歌赋”“琴棋书画”的高雅，而是一种儿童与生俱来的智慧，一种天性的诗意。《赢在最强大脑》为孩子灵性的伸展搭建了一个并不陡峭的高度，拨响了儿童内心诗的琴弦，给孩子更为温馨的诗意浸润。

泰戈尔说:“一切教育都是从我们对儿童天性的理解开始的。”儿童是本能的缪斯，立足游戏，用童心的标尺“丈量”生活，以“诗意”的角度发掘生活，打造孩子的诗意童年，孩子灵性的激发便会多一份童心的灿烂，我们的教育教学也会多一份期待已久的诗意飞扬。

赢在最强大

问题 Question

身份证掉了，怎么办？

答案

捡起来。

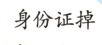

问题 Question

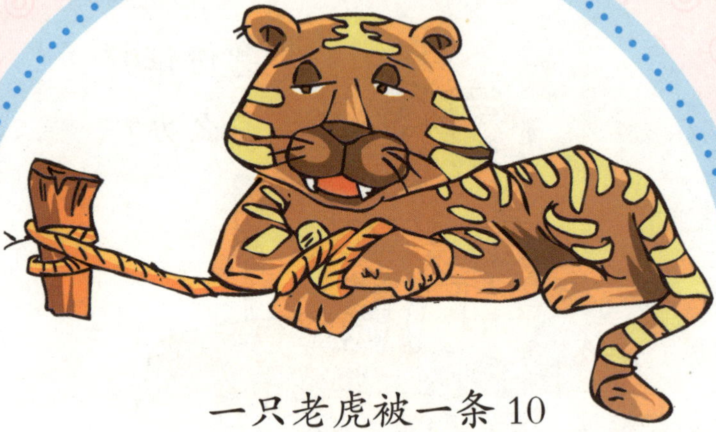

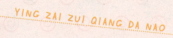

一只老虎被一条 10 尺长的绳子拴着，它怎样才能吃到 20 尺以外的草？

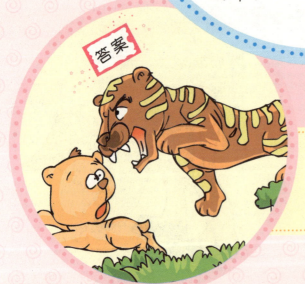

答案

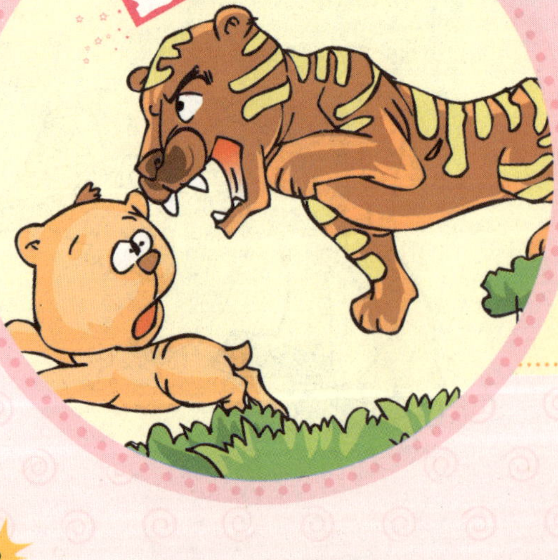

老虎不吃草。

问题 Question

人最想知道却又无法知道的是什么？

将来的事。

问题 Question

加上10个还是10个，减去10个还是10个，这是什么？

带上手套和摘下手套。

问题 Question

一只鸡和一只鹅一起被放进冰箱里，过了一会儿，鸡冻死了，鹅却活着，为什么？

答案

那只鹅是企鹅。

问题 Question

如果你有一只会下金蛋的母鸡，你该怎么办？

答案

打自己一嘴巴，别做梦了。

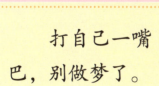

问题 Question

什么东西人们都不喜欢吃？

答案

吃亏。

问题 Question

什么动物头像大象，脚也像大象，但不是大象？

答案

小象。

问题 Question

亮亮的英语非常好，可是他和老外还是无法交谈，为什么？

答案

老外是法国人。

问题 Question

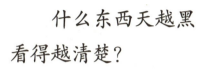

什么东西天越黑看得越清楚？

答案

星星。

问题 Question

鸡、鹅百米赛跑，鸡比鹅跑得快，为什么却后到终点？

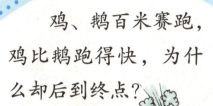

鸡跑错了方向。

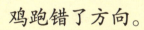

问题 Question

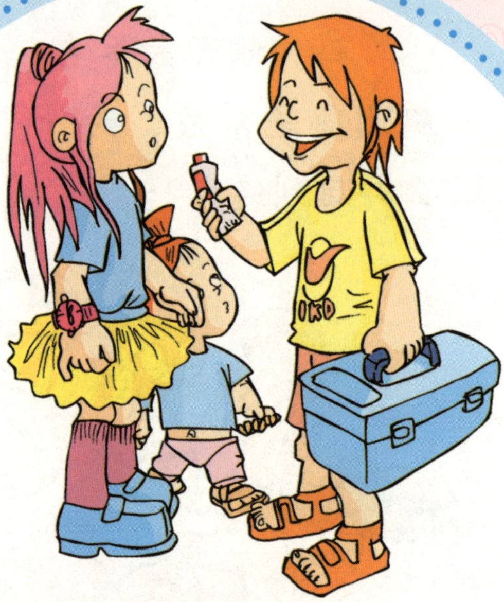

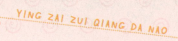

什么人专门给人颜色看？

答案

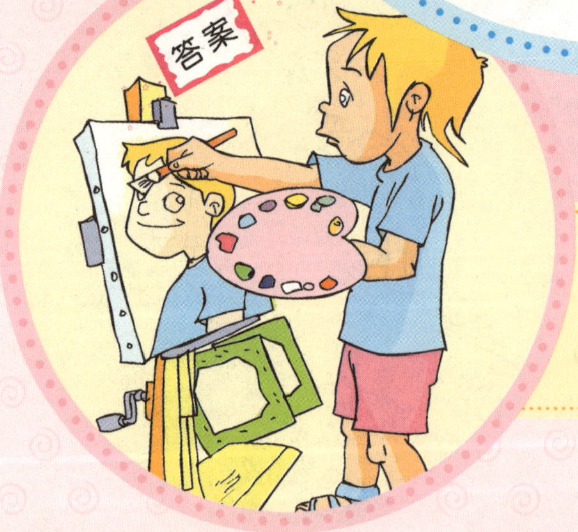

画家。

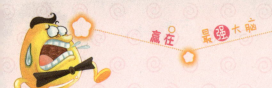

问题 Question

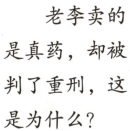

老李卖的是真药，却被判了重刑，这是为什么？

答案

他卖的是炸药。

问题 Question

第一个登上月球的中国姑娘是谁？

答案

嫦娥。

问题 Question

什么蛋人们一定要保护好？

答案

自己的脸蛋。

问题 Question

医生送病人出去时，说哪一句话病人会不高兴？

欢迎再来。

问题 Question

有一个人坐车既不买票也不用月票，售票员为什么不管他呢？

他是司机。

问题 Question

某歌星举行露天演唱会，观众对演唱会很不满意，却不停地鼓掌，为什么？

大家都在打蚊子。

问题 Question

俗话说："水火无情"，什么时候水火有情呢？

答案

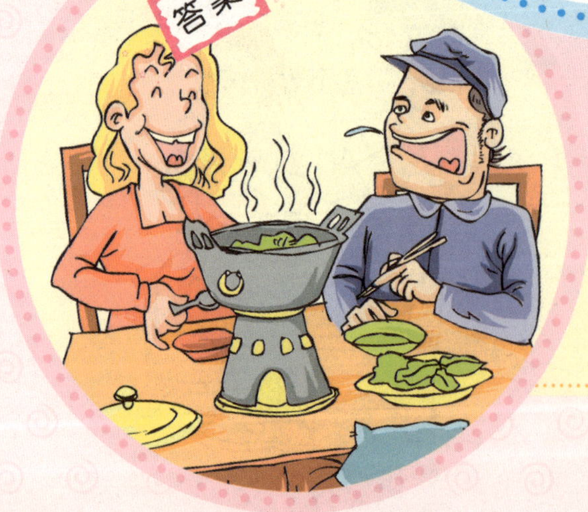

吃火锅的时候。

问题 Question

什么鱼肚皮朝上？

答案

死鱼。

问题 Question

有一位老奶奶上了公交车，为什么没人让座？

车上有空座。

问题 Question

什么话
可以一语道
破天机？

答案

天气预报。

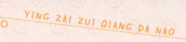

问题 Question

什么地方的风气最好呢？

电风扇厂、空调厂。

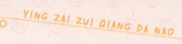

问题 Question

什么国人人都爱？

祖国。

问题 Question

五根木头能做成的最大的东西是什么？

答案

森林。

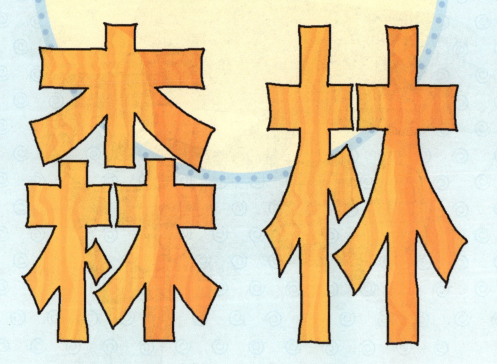

森林

问题 Question

十五的月亮又圆又大，可为什么小明却看不见呢？

答案

因为小明在房间里。

问题 Question

有一种东西上升的同时会下降，下降的同时又会上升，这是什么？

答案

跷跷板。

问题 Question

手抓长的，脚踩短的，这是在做什么事？

答案

爬梯子。

问题 Question

什么军不用穿军服？

冠军、亚军、季军。

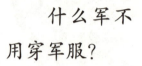

问题 Question

15 次列车上最多的是什么人？

答案

乘客。

问题 Question

什么人跟书在一起的时间最长？

历史人物。

问题 Question

两个人约会为什么有一个人迟到？

答案

因为另一个人早到。

问题 Question

一滴水都没有的海是什么海？

《辞海》。

问题 Question

什么花没有根却可以在夜空中开放得绚烂夺目？

答案

烟花。

问题 Question

有很多张嘴巴的蛇是什么蛇?

答案

七嘴八舌（蛇）。

问题 Question

为什么小美出生三天就可以走路了？

答案

因为小美是条小狗。

问题 Question

为什么开会的时候看不见半个人影？

答案

因为人没有半个的。

问题 Question

刘备临死之前说了什么话？

中国话。

问题 Question

什么门永远关不上？

球门。

问题 Question

为什么凶猛的猎豹看到羚羊后会拔腿就跑？

答案

因为它要抓住羚羊。

问题 Question

田里的稻草人会做什么？

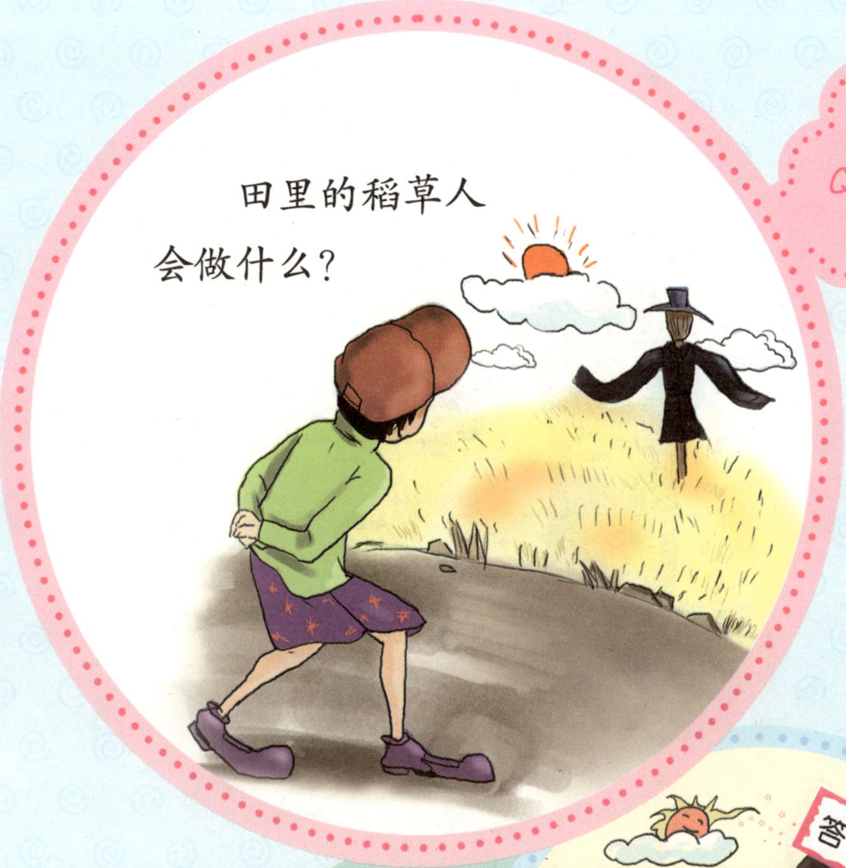

装模作样。

问题 Question

看不见却可以摸得到，摸不到会让人吓一跳的是什么？

脉搏。

问题 Question

为什么毒药对人没有伤害？

因为人不会去喝它。

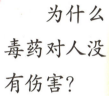

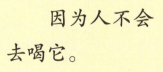

问题 Question

所有人都不喜欢的花是什么花？

“天花”。

问题 Question

一个球砸在了一篮鸡蛋里，为什么鸡蛋没有破呢？

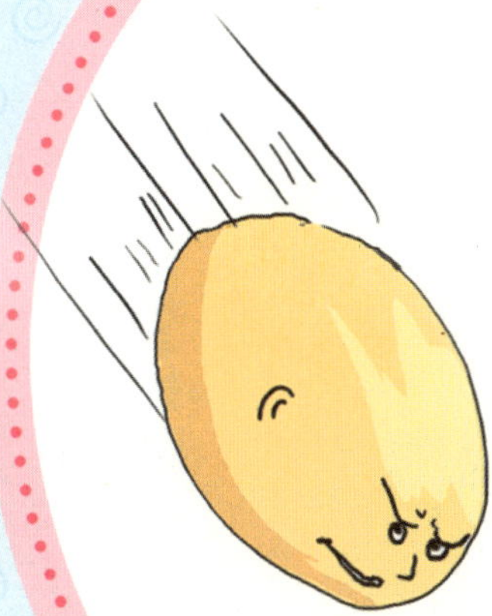

答案

因为是一个气球。

问题 Question

小王身体很棒，但为什么他在夏天总是穿棉袄？

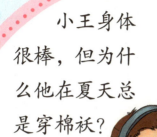

因为他在冷库工作。

问题 Question

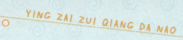

什么东西长出尾巴后就穿衣?

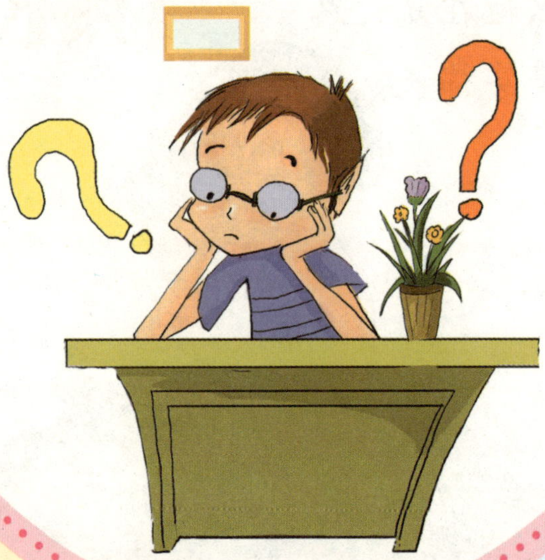

答案

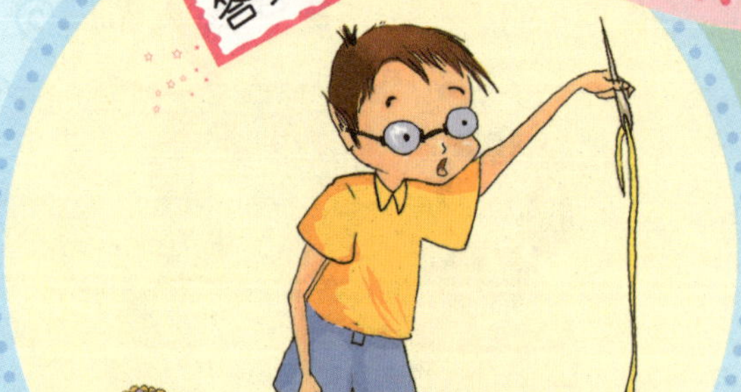

针。

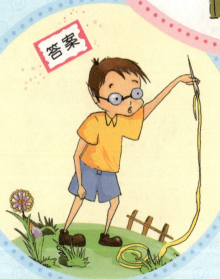

问题 Question

什么东西生出来了却还不算出世?

蛋。

问题 Question

佳佳说她有一瓶万能药水，任何东西遇到它都会融化。她说的这句话有什么破绽吗？

答案

药水听上去很神奇，但是用什么东西装它呢。

问题 Question

一直待在一个角落里不动，却可以周游世界的是什么东西？

答案

邮票。

问题 Question

有一种东西，新的和旧的一样招人喜欢，这种东西是什么呢？

钱。

问题 Question

拖地时用什么能把地拖得更干净？

用力。

问题 Question

为什么小奇每个举动都离不开绳子？

因为小奇是木偶。

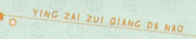

问题 Question

人做什么事情总是进步不快？

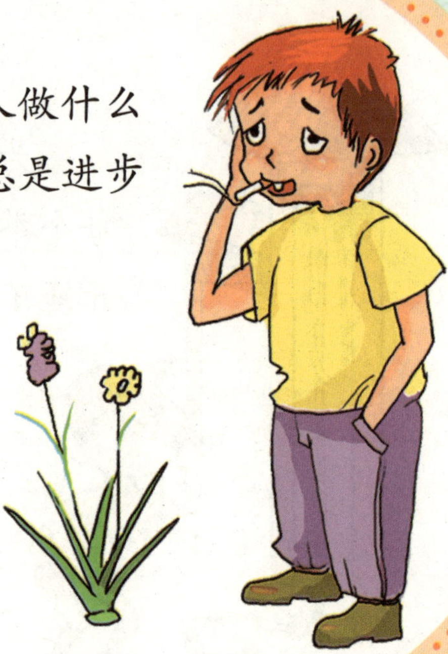

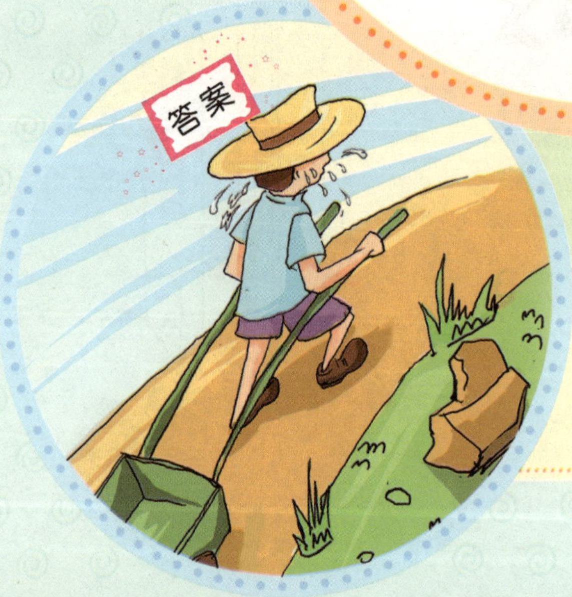

上坡。

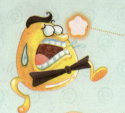

问题 Question

什么东西用头喝水，用嘴吐水？

答案

水壶。

问题 Question

最怕流泪和出汗的是什么人？

雪人。

问题 Question

人们最常说的三个字是什么字？

“不知道”。

问题 Question

什么车从来不走宽路？

火车。

问题 Question

没有“幸福”二字的字典是什么字典？

英文字典。

问题 Question

人什么时候喜欢自己打自己？

答案

鼓掌的时候。

问题
Question

既不能生吃，也不能熟吃，必须边烧边吃的是什么？

答案

香烟。

问题 Question

打狗要看主人，
打狼要看什么？

答案

看自己的胆量。

问题 Question

什么梯下去比上去要快很多？

滑梯。

问题
Question

一辆吉普车经过泥泞的公路后，哪个车轮最干净？

后备轮胎。

问题 Question

什么马有人骑却无法跑？

答案

木马。

问题 Question

黄河的尽头飘来一根鸡毛，这根鸡毛是从哪儿来的？

来自鸡的身上。

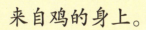

问题 Question

什么东西
你看得到，却
永远也追不上？

地平线。

问题 Question

什么表没有指针？

体温表。

问题 Question

什么桥不稳固但人们仍会在上面走？

答案

浮桥。

问题 Question

看到谁每个人都要摘下帽子？

答案

理发师。

问题 Question

什么时候说话要用到手？

答案

打电话的时候。

问题 Question

什么东西你常常丢失却很少发现丢了？

头发。

问题 Question

只会增加不会减少的是什么？

年龄。

问题 Question

张飞的母亲姓什么？

答案

姓吴。无事生非（吴氏生飞）。

问题 Question

什么花
可以在空中
开放？

答案

雪花。

问题 Question

什么“贼”
身上带着烟雾弹？

乌贼。

问题 Question

什么人在表演时，总是背对着观众？

乐队指挥。

问题 Question

当你手拿一盒火柴待在只有蜡烛和油灯的屋子里，你会先点哪一个？

先点火柴。

问题 Question

每天都会去看病的是谁？

答案

医生。

问题 Question

什么东西近在眼前却常常被人们视而不见？

答案

眼睫毛。

问题 Question

为什么燕子每年冬天都要从北方飞向南方？

因为走着去实在太慢了。

问题 Question

青春痘长在哪里你最不担心？

长在别人的脸上。

问题 Question

什么东西破了比不破好？

案件。

问题 Question

什么布不能做衣服？

答案

瀑布。

问题 Question

在夏天，什么东西会忙得团团转？

答案

电风扇。

问题
Question

有头没有尾，
却最爱流口水的
是什么？

水龙头。

问题
Question

你知道什么东西天气越热，它爬得越高吗？

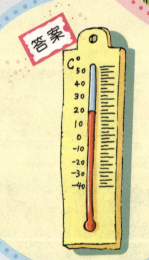

答案

温度计上的水银。

问题 Question

亮亮吃葡萄时不吐葡萄皮，为什么？

他在吃葡萄干儿。

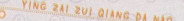

问题 Question

什么东西越洗越脏？

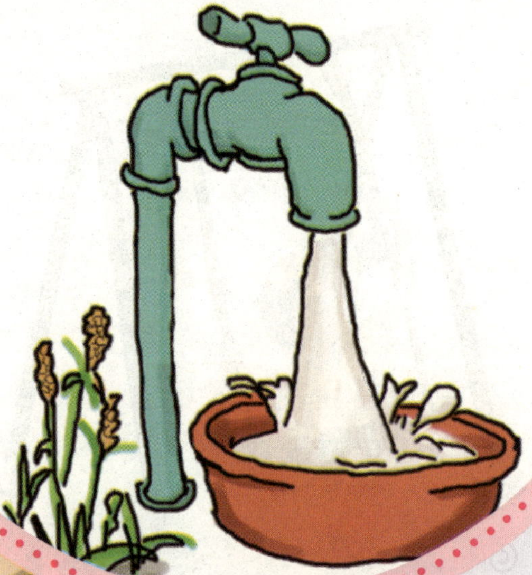

答案

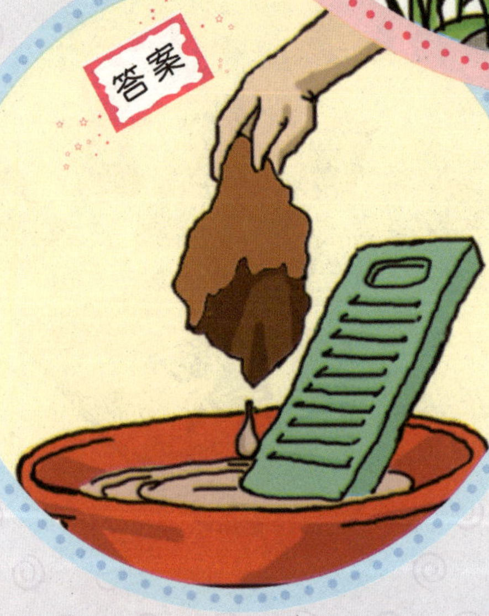

清水。

问题
Question

什么饼只可以抛不可以吃？

铁饼。

问题 Question

对与错之间是什么？

是“与”字。

问题 Question

做什么动作必须用左手？

摸自己的右手。

问题 Question

什么东西剪断一半后，可以比原来长？

橡皮筋。

问题 Question

“猪”与“猫”的共同点是什么？

答案

偏旁和笔画相同。

问题 Question

高乔在一场激烈的枪战中身中数弹，血流如注，然而他仍能精神百倍地回家吃饭，为什么？

答案

他在拍戏。

问题 Question

怎样才能保证永远不会掉头发？

答案

把头发剃光。

问题
Question

圆圈能把什么截断？

句子。

问题 Question

什么狗不会叫？

热狗。

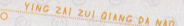

问题 Question

黑头发的人最不害怕什么?

答案

不怕头发被晒黑。

问题 Question

爸爸答应小南，只要考试及格，就奖励他 10 元钱，可为什么小南还是不及格？

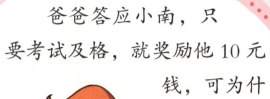

答案

为了给爸爸省钱。

问题 Question

什么光完全没有亮度？

时光。

问题 Question

一个人没有前辈，为什么有后辈？

每个人都有后背。

问题 Question

什么书必须
两本一起用？

结婚证书。

图书在版编目（C I P）数据

我不是笨小孩 / 崔钟雷编著. -- 北京：知识出版社，2014.10

(赢在最强大脑)

ISBN 978-7-5015-8225-9

Ⅰ. ①我… Ⅱ. ①崔… Ⅲ. ①智力游戏 – 青少年读物 Ⅳ. ①G898.2

中国版本图书馆 CIP 数据核字(2014)第 217833 号

赢在最强大脑——我不是笨小孩

出 版 人	姜钦云
责任编辑	周玄
装帧设计	稻草人工作室
出版发行	知识出版社
地　　址	北京市西城区阜成门北大街 17 号
邮　　编	100037
电　　话	010-88390659
印　　刷	北京一鑫印务有限责任公司
开　　本	889mm × 1194mm　1/16
印　　张	8
字　　数	40 千字
版　　次	2014 年 10 月第 1 版
印　　次	2020 年 2 月第 3 次印刷
书　　号	ISBN 978-7-5015-8225-9
定　　价	28.00 元